Ivar Ragulins resor

Till Mia

Jan Yngve Magnusson

Ivar Ragulins resor

© Jan Yngve Magnusson 2017
Förlag: BoD – Books on Demand, Stockholm, Sverige
Tryck: BoD – Books on Demand, Norderstedt, Tyskland
ISBN: 978-91-7699-445-0

Förnöjsamhetens väg

Det finns en väg för oss
som spanar efter idyllen
i främmande människors trädgårdar

Som blir fixerade
av det gula ljuset
i tvåsamhetens sovrum

Som springer på kurser
eller jobbar över
för att få den ena
mänskliga kontakten
i brist på den andra

Som brottas med
långsamma timvisare

Som dövar hoppet
minskar sin mänskliga plats
sänker rösten
stillar andning och puls
i ett långsamt försök
att närma sig döden
med stoltheten och äran
i behåll

Rörelse

Bort
från marken
som frostar liggsår
i kroppen

Över
bron
som svindlar mörker
i vattnet

Mot
horisonten
som hoppar harskutt
i gryning

Kärlekens syster

Kärleken har en manisk tvillingsyster
som kallas förälskelse.

Hon dyker upp
när du minst anar det

Hon har upptäckt
din kantrade längtan
långt före dig själv

Hon ger dig energi så att du brinner
Du värjer dig för styrkan
i hennes kolsvarta diamantögon

Hon skänker dig speglar
lustgas och ansiktspuder
men kräver i gengäld
ditt förnuft
din balans
och din erfarenhet
och du ger villigt bort allt
för en stund i hennes närhet

Med hjälp av brännglas
kan hon driva dig
från ytterlighet
till ytterlighet

Med sitt rosa puder
lånar hon dig sin systers
röda kinder

Med hjälp av speglar
förstorar hon din kärlekslängtan
och din skönhet

Lustgasen
får dig att tappa balansen
och känna dig lättare än luften

Förälskelsen är en spindelkvinna
som leker med sitt byte
För den fjättrade i hennes nät
finns ingen väg tillbaka

När du sprungit dig trött och öm
förvandlas plötsligt uttrycket
i hennes ansikte från vild extas
till en likgiltig gäspning

Hon är inte grym och obarmhärtig
Hon är ett barn som aldrig
insett sin styrka
Hon finns i illusionernas värld
bland trollkarlar, häxor och eldslukare

Hon lämnar dig slutligen
matt och förvirrad
i ett öde glitterlandskap
fullt av krossade speglar

Tomhetens skavsår

Jag har träffat mannen
som vill kyssa alla passagerarna
på linje fem mot Liseberg
men som inte hittar en enda
som vill möta hans blick
som blir vresig
mot trilskande dörrar
och oknäppta knappar
eller ömsint sentimental
mitt inne i en
Van Morrison-låt
som kisar mot ljuset
och fingrar mot sin plånbok
på väg från Operan
till Casino Cosmopole
som faller som en gråsten
rakt igenom Göteborgs nöjesliv
som kryper och vaggar
dreglar och kränger
fnissar och ryser
på vägen tillbaka
till Frälsis
som väntar
på kalla trappen
ännu en natt
medan dimman
väller in från havet

Jag har träffat mannen
som smyger omkring
med tomhetens skavsår
i sitt bröst
som längtar efter
smeksamma händer
och vänliga ögon

Jag har träffat mannen
som säljer Faktum
mittemot pocketshopen
på Centralen
gång på gång
på vägen
mellan arbetet
och sängen
men aldrig förstått
hur lika vi är varandra

Guldbröllop

Ibland blir jag så irriterad på dig.
Varför sitter du mitt emot mig
med ett stort akvarium över huvudet

Stora torskögon
som strävar åt alla möjliga håll
utom mot mig

En stor öppen mun som går på tomgång
och säger blubb blubb

Fläckar av flott på skjorta och byxor

Är du samma man som jag
förälskade mig i

Det är nu det gäller
Dessa viktiga sekunder
då allting avgörs

Ge mig din blick
Ge mig ett svar

Om det skall finnas
någon framtid
för oss tillsammans

Välkommen hem
Till Göran

På natten kommer du till mig
sätter dig någonstans helt osynlig
och är tillsammans med mig

Det var länge sedan
jag känt dig så lugn
och så närvarande rofylld

Nu är det jag
som kämpar med frågorna
och alla svaren som inte finns

Nu är det jag
som blir snurrig
av alla intryck avtryck och uttryck

Men du som både har träffat
din mamma din pappa och Gud
som låtit sitt ansikte lysa över dig
har äntligen kommit till ro

Därför är jag så glad
att du kommer hem till mig på nätterna
och att du sitter någonstans helt osynlig
och är tillsammans med mig

Doften av bamba
Gamla Lexbyskolan i Partille 1967

Hårdmacka med smör
tryckt mot undersidan av bordet

Mats Ögren blir glad och spontan
i bambakön och säger
"Hej magistern"
till vår nye klassföreståndare Nils Thorén
Nils Thorén grabbar tag i armen
på Mats Ögren
och skriker i hans öra
"Goddag, magistern, heter det!"

Vitkålssallad blandat med lingon

Nils Thorén ställer sig upp
mitt bland ett hundratal elever
och skriker
"Tystnad! -
Jag vill äta i lugn och ro"
Fyra sekunder total tystnad
sedan återgår allt till det normala

Grå spaghetti i en sjö av köttfärssås

Nils Thorén är arg för att

ingen lyckats få alla rätt på matteprovet
Nils Thorén bestämmer sig
för att ha matte istället för svenska
under hela förmiddagen
Tomas Utbult muttrar lite lamt:
"... och vi som skulle haft svenska"
Nils Thorén skäller ut Tomas Utbult
i fyrtio minuter inför hela klassen

Svart blodpudding med röd lingonsylt

Kär lek

Kalla mig inte för barfotaslusk
Mina skor är gjorda av solsken
Vassa glasskärvor har aldrig bekymrat mig
Jag går på kuddar av stark förtröstan

Det finns en riktning i mina ögon
Framåt! Inåt!
Mot den mjuka insidan av dina handflator
Mot den lätta lockens kittling i halsgropen

Där inne vill jag ligga ett tag
och sprattla med benen
tills du lägger dig ned
så att jag kan sträcka mig mot dina bara
bröst

Hör nu sjunger jag i dina öron
Små ljuva vaggvisor
byggda av slitstarka ömfotsmockasiner
till tröst för vilsna fötter

Alla hjärtans dag

Och då sa jag till mina barn:
I det här samhället
blir alla mänskliga behov och känslor
kanaliserade till en handel
av varor och tjänster
och det görs oss till främlingar
för varandra

Det är därför vi inte firar
fars
mors
barnens eller
alla hjärtans dag

OK sa de och lomade iväg
med besvikna och uppgivna gester

Det dåliga samvetet kom på besök
och gav mig en rejäl utskällning

Så jag gick till ICA och köpte
godis
popcorn
läsk och
chokladhjärtan

Sedan satt vi där framför TV:n

loja och sockerstinna
och tittade på ännu ett avsnitt
av melodifestivalen

Barnen tittade på sina
Ipads och mobiltelefoner

Jag tänkte på Karl Marx

Socialtjänsten på besök

De hade tagit på sig snällrösterna
och tittade på mig med låtsamkompisögon
Det är inte farligt att låta vänskapshunden
hälsa på
Han behöver bara tugga sig igenom er
familj
och skita ut den på vardagsrumsgolvet
Men det är för ert eget bästa
Det finns så många fyrkanter som behöver
göras till cirklar

Strategin blev att stirra på ringande
telefoner
smyga snabbt runt hörnen
och servera leenden till makten

Vi besökte stormarknaderna och
arbetsplatserna
Vi lekte vardag med vår son
och hoppades i det längsta
att de skulle tröttna

Samtidigt grät jag
efter en förstående röst
en öppen hand
och en människa
som kunde bygga tillit.

Sebastian Wolkers i fokus

Om vi inte haft
den där förskräckliga
Sebastian Wolkers
hasande, dreglande och rapande
längs mittgången i vår kyrka
hade vi fått
en underbar gemenskap
i vår församling

Tänk i torsdags
när alla de vackra flickorna
stod vid altaret
och sjöng så välklingande fyrstämmigt
de där fina sångerna

Vem tränger sig fram till mikrofonen
för att mumla, stöna och stirra
åt alla möjliga håll

Tänk alla dessa förväntansfulla ögon
dessa väluppfostrade människor
och en sån där låghaltande best
mitt ibland oss

Ibland önskar jag
att han bara
kunde försvinna eller dö

Det finns ju så
många lämpliga sjukdomar
nu för tiden

Sedan kunde vi begrava honom
i en vacker kista
och gråta tillsammans
och tänka på hur fin
han egentligen var
vår älskade
Sebastian Wolkers

Kinderegg

Spöregnet och de mörka molnen
tynger mitt mörka sinne

Hopkrupna gestalter
huttrar i kylan

Ingen tycker om mig på jobbet
Jag försummar mina barn
Det dåliga samvetet
gnager som en råtta i magen

Måste handla
måste handla
köttfärs
toapapper
mjölk
och müsli

Det glimmar till på en liten hylla
Ett litet ägg för tre önskningar
Det blir ett för varje barn

Redan när jag kör in på avfarten
tittar de på mig med förväntansfulla ögon
Har du köpt något till oss, mamma?

Jag fylls av ett inre lugn

Solen går ur molnen
och den lyser upp mitt
glittrande blonda hårsvall

En symfoniorkester
Jag rör mig i slowmotion
mot barnen när jag ger dem
var sitt KINDEREGG
Vi skrattar mot varandra

Tänk mamma att du visste
att du tänkte på oss
Tre önskningar i en
Vi dansar med varandra

Grannarna sjunger Halleluja
Vilken mamma som tänkte
på den perfekta presenten
till sina barn

Och min man omfamnar mig bakifrån
inatt vet jag att vi får en fem-sex
orgasmer samtidigt

Och staden stämmer in i jubelkören
Årets mamma som hittade
den perfekta presenten

KINDEREGG

KINDEREGG
KINDEREGG

Tre önskningar i en

Det är så farligt att vara mänsklig

Det är så farligt
att granska makten
att tänka fritt
att hålla hårt
i sin egen kompass

Det är så farligt
att vara ensam
att vara envis
att våga stå
för det man tror på

Som jag har längtat
efter ömsegung
i gemenskapsgrupp
ömsesmek i vardagsmun
ömseskratt och
flams och trams

Som jag har längtat
efter trulsegråt
och vyssjesång
glädjefnatt med
längtanssprång
solskensmage
värmerygg

Glänta på dörren

Det finns ett hål i livet
där längtan sipprar in

Där koltrastsången
ekar i smärta

Det finns en tystnad
bakom orden
där poesin kan blomma

Jag kan inreda
den platsen för oss

Göra den till utsiktsplats
för framtiden och visionerna

Vila tillsammans med dig
bland alla kuddarna

Titta ut genom fönstret
se landskapet passera förbi

Smaka på de nyplockade vindruvorna
och somna i din famn

Barnen är välkomna

Deras glädjeskrik
och upptäckarlusta
gör oss till barfotaindianer
på skattjakt

Och världen blir magisk

Det finns ett hål i livet
där längtan sipprar in

Jag vill att vi
skall flytta in dit

Tillsammans

Sjöräddningen i Sölvesborg

Sjöräddningen i Sölvesborg är inte ett smörgåsbord där nödställda kan välja och vraka bland ett rikt utbud av räddningstjänster som gratis serveras av serviceinriktad personal med stora svällande hjärtan men med noll insikt i grundläggande ekonomisk logik.

Från och med den 1 juni i år är sjöräddningen i Sölvesborg ett nålsöga, en ynnest som bara tilldelas den som ihärdigt ansöker och som kan formulera sitt behov på ett adekvat språk. Välutbildade utredare med utvecklat sinne för ekonomiska proportionaliteter kommer efter skriftligt formulerad ansökan att tilldela sjöräddning till den som man efter noga prövning och eftertanke av lagens mening och bokstav inte kan nekas denna insats.

Dock åläggs det sjöräddningsmyndigheten att informera den sökande att han eller hon har full besvärsrätt över de beslut som sjöräddningsmyndigheten fattat samt en informationsplikt från myndigheten till den sökande om denna besvärsrätt. Myndigheten har också en utvidgad dokumentationsplikt så att alla inom myndigheten skall kunna följa ett ärendes gång. Myndigheten gör sig på så sätt oberoende av den enskilde tjänstemannens subjektiva bedömningar.

Livboj

Inte tänka
Inte känna
Bara flyta med
Som en utkastad livboj i havet

Blir det regn?
Blir det storm?
Blir det sol?
Än se'n?

Bara flyta med
som en nolla
med ett hål i mitten

Hoppas att de som styr
vet vad de gör
och att de vet att jag finns

Flyter med
Anpassar mig
Slutar tänka
Slutar känna

Försöker sluta hoppas

Det skall nog gå bra

Min kropp

Det finns ett foto
från morfar och mormors trädgård
med en krullhårig lintott
som kryper mot fotografen
Blicken rymmer mer glädje
än världen kan bära

Det håret gjorde tanterna i Nora galna
- Tänk att han som är pojke kunde få så fint hår
med hon som är flicka har fått så rakt!
Flickan är min syster

När hon kom till världen
kliade jag frenetiskt mina fötter blodiga
för att få en stunds uppmärksamhet av
mamma

Som åttaåring blev jag omskuren
Svårt att kissa med stort bandage
Därefter den stora tystnaden och skammen
inte en duschning efter gympan under hela
grundskolan

Alla smeknamnen som var kopplade till
utseendet
Mao

Krullbagge
Elvisp
Kisa Magnusson

Som tonåring överfallen av HMs
reklambilder
Bättre att stirra i golvet än att se sig i
spegeln

Men i min älskades ögon
En vacker man
med ett vackert hår
och i vissa ögonblick
en blick
som rymmer mer glädje
än världen kan bära

Kärleken till mina barn

Det känns så svårt att inse
att det ni behöver mest
av allt av det som jag vill ge till er
är en sax
en kniv
eller något annat vasst
så att ni kan kapa de starka banden
som binder oss tillsammans

Aktiebolaget Andas

Tänk om all mänsklig vandel
kunde förvandlas till handel
då skulle små käcka företag
tjäna pengar på varje andetag

Om luftstrupen kan tätas
så att passagen kan mätas
blir det enklare att registrera
den aktivitet som man vill debitera

Den som vill flåsa och stöna
behöver inte bedja och böna
Du får gärna springa och slösa
om du betalar är vi generösa

Vi ger dig gärna kredit
så att du inte trillar dit
men vi kan inte tolerera
att gratisluft kan passera

Fattigdomen blir en hantering
som handlar om luftstrupreglering
Det finns en liten mätare
som går att göra tätare

Den som sätter sig på tvären
får själv klara besvären

Vi har ingenting som du kan få
- håll andan tills du blir blå

Vägen mot kärlek

För att lära mig gråta
var jag tvungen
att paddla
i en underjordisk kajak
byggd av äkta fingertoppsmahogny
och ömsa skinn
tillsammans med
barfota indianer

För att lära mig att smeka
drogs jag i ett tvinnat rep
av moderarmar
genom magra
näckrosstammar
och djupa
mangroveträsk

Alla resor
har ett slut
nu står jag
framför dig
och frågar
om jag är
välkommen in

S:t Jörgens sjukhus avdelning 8 D kl.
07.20 23/5 1978

Det finns en poet inom dig som överlämnar
vackra buketter till unga tonårsflickor
med grova vapengömmarhänder
och med stål i blicken
i ett fåfängt försök
att slippa bli
väckt
avklädd
intvålad
duschad
avtorkad
tillsammans
med de andra
förbrukade resterna
av den svenska arbetarklassen

Aylan Kurdi

Det är inte svårt att lyfta
en treårig pojke
från stranden
och bära honom
till hans sista vila

Men det är svårt att bära
att en treårig pojke
skall behöva offra sitt liv
för att fly till ett land
dit han inte är välkommen

Och att det landet
är en del
av en gemenskap
där vi säger
att vi hör

Skönlitteratur

Vi behöver starka män
som kan bära vapen
skjuta bly eller gjuta betong

Inga fjomsiga nervösförfattare
med ena handen i barndomsvaggan
och den andra med ett krampaktigt grepp
om den nedgråtna näsduken

Vi behöver matematiken och logiken
höghastighetståg i överljudsfart
spikraka motorvägar
och höga höghus

Inga barndomssagor
om hunden katten och grodan
framförd av flummiga
gröna-vågen-människor
på kooperativa dagis

Vi behöver en logisk revolution
så att livskraftiga företag
kan skapa berättigade vinster
av människors arbete

Inga jolmiga kommunala projekt
där navelskådande lycksökare

och udda bibliotekarier
profiterar på surt förvärvade skattepengar

Pappa har blivit ett plommonträd

När pappa dog 2009
köpte jag ett plommonträd
som jag planterade i trädgården

Jag har behandlat honom vanvördigt

Han har fått stå ensam på enslig fot
i kyla och mörker
men klarat sig ändå

Jag har rundat honom
med gräsklipparen
och muttrat lite irriterat

Fått dåligt samvete
och klappat honom lite menande
på stammen
Sorry, kompis!

I sommar bar han fram
färska frukter som han
kallar för Victoria

Jag har smakat frukterna
njutit dem med välbehag
men kastat kärnorna hit och dit

Hösten är på väg
Nu fäller han sina blad
Jag kommer inte att sätta tillbaka dem

Du får klara dig själv, mitt barn!
Precis som jag!

Våga vägra vara vuxen

Jag har närmat mig vuxenheten
som en trilskande baklängespassagerare
och gjort så många omvägar
att jag blivit mer vilse än Snurre Sprätt

Vägen till Borås
gick via en flummig bussresa till Indien
Fyra utomordentligt inadekvata
yrkesutbildningar
lade sig som ett duktigt stopp i vasken

En tafatt kärlekshistoria
kantades av en erotisk mellangårdslöpa
En exemplarisk flickvän
fick möta Betty Boop i duschen

Som tack för all denna förbrukade
planhushållningsenergi
tänker jag nu
närma mig ålderdomen
på samma sätt

Poesin i mitt privatliv

Poesin är som
en liten skadeskjuten fågel
om man tittar på den
med ömhet i blicken
men en rasande Tyrannosaurus Rex
om man begränsar dess frihet

Om du säger till den
att det finns ingenting
i det privata
att hämta
kommer den att
vända upp och ned
på hela ditt liv
tills den hittar en gnistrande stjärna
bland smutstvätt och damm

Ambition

Imorgon skall jag sminka mitt ansikte vitt
ta på mig hög hatt
sätta färgglada plastremsor på min
lodenrock
en clownnäsa i fickan
och gula diskhandskar på fötterna
sedan skall jag ta en promenad
till äldreboendet Trivselgläntan
och fråga om jag får hålla
en kort föreläsning
om binnikemaskens parningsmönster
till trefikat

Arbetsmiljöansvar

- Hallå
- Hej jag heter Bertil. Jag söker Göran
Olvensjö...
- Han är sjukskriven. Kan jag hjälpa dig med
nå't?
- Jag ville bara meddela att jag är tillbaka
nu...
- Du är tillbaka!
- Ja
- Var har du varit?
- Jag har varit sjukskriven.
- Jaha! ... nu är du tillbaka?
- Ja
- Vad heter du mer än Bertil?
- Andreasson
- Hur länge har du varit sjukskriven?
- Sex månader
- Ojdå, det var värst!
- ...
- Vad har du varit sjukskriven för?
- Utbrändhet
- Jaha. Det var värst!
- Ja
- Hur mår du nu då?
- Bra
- Jamen det var ju bra!
- Ja

- Jamen då gör jag en anteckning om att du är tillbaka så stöter vi säkert på varandra någon gång i korridoren
- Vad heter du?
- Jag heter Sigvard Berg
- Är du vikarie för Göran Olvensjö?
- Njaa jag är från ett konsultbolag. Vi fick rycka in när Göran gick i väggen...
- Okej
- Okej
- ...
- Men välkommen tillbaka då Andreas!
- Jag heter Bertil
- Nejmen ursäkta mig! Bertil, menar jag!
- ....
- Hej då, Bertil
- Hej då

Abdikation

På grund av alla fel som gjorts
tänker jag i fortsättningen att
abdikera till knölsvan
med dithörande begränsningar
i aggression
separation
och kommunikation

Kära hälsningar
från lillprinsen

Tvivel

Jag vårdar min osäkerhet
som en ömtålig blomma

I en värld av marscherande stövlar
finns det ingen plats för tvivel

I en svartvit värld
finns inga nyanser

Jag behöver den hand som smeker
inte den hand som pekar

Jag behöver inte mål och rationella planer
Jag behöver dialog och eftertanke

Vad händer med frågorna
om det bara finns svar

Jag vårdar min osäkerhet
som en ömtålig blomma

Julie

Julie med den svarta sammetsklänningen
Julie som är så smal så smal
taniga ben skrovlig ärrad hud
längs armveck och underarmar

Ett stort gäng patienter trängs
i det kala kalla rökrummet
som en gång var vitmålat
men som nu går i gult och brunt

TV:n är på och flimrar för ingen
Bosse Larsson dansar för sig själv
medan det grå dagsljuset
glider mot mörker

Julie står plötsligt på fönsterbrädan
med alla persiennsnören runt halsen
Jag är där på en sekund
och klamrar mig runt hennes kropp

Vi är omringade av personal
någon tar bort persiennsnörena
någon lyfter ned henne i soffan
Hon är alldeles lealös

Allt går snabbt över
Det stora lugnet återvänder

TV:n visar en stor klocka
Det hörs schlagermusik

Julie sitter kvar med inåtvänd blick
Alla mina frågor studsar
En förvirrad skötare
söker kontakt med
en förvirrad patient

Amy Winehouse

Mitt hjärtas smalrangliga Gerbera
kastad upp på scenen
skörhetens ängel med trotsig sotad blick
min pappa ville skicka mig till rehab
men jag sa nej nej nej
självklar att plocka och äga
för varje alkoholiserad man
varje journalist
varje paparazzi
varje varg med exploateringshunger
rösten den smala rökslingan
direktkontakten med Gud
kroppen i helvetet
Ella Fitzgerald
stannar i steget för att lyssna
gråter för sig själv och nynnar med
min pappa ville skicka mig till rehab
men jag sa nej nej nej

Pepparkaksmamman

Jag får vara med och hälsa på
alla nya mammor och pappor
till min äldsta dotter

Alla är välklädda och lagom bruna
i kjolar kostymer eller skinnskor

Alla kan prata
med mjuka pepparkaksröster
om hårda svåra saker

Alla vill heta
Berit, Ann-Marie, Lillian
Bertil, Lisa, Ing-Marie
Helga, Anders och Ulla
istället för
kontaktfamilj familjehem
BUP socialtjänst habilitering
och polis

Alla har lovat mig
att jag skall få
knådas
plattas
tryckas ut
härdas
och brännas

tills jag blir en ny
och bättre mamma

Sömnlös

Nu har jag legat och knövlat
i den här utdragssoffan
i flera timmar
som ett stolpskott
på undantagsturné

Kan någon tala om för mig
varför Jimmie Åkesson
Marie Le Pen och
halva nationella fronten
skall ligga just här i min säng
och slåss om platsen
med hundratals romer
och tusentals flyktingar

Om ni inte flyttar er härifrån omedelbart
tänker jag lägga mig i en annan säng
eller så skriver jag en dikt om hur ni bär er
åt
och publicerar den på poeter.se

Farsan ringer

Han ringer ibland, farsan

Ibland är det ett ord som
jävlas med honom i korsordet
Ibland vill han låna ett verktyg
en batteriladdare eller en släpvagn
Ibland har han retat upp sig på en politiker
med fel partifärg

I alla luftrummen
inuti bokstäverna
mellan punkt och komma
hör jag en ylande hund
ett skrikande barn
en längtan efter en bärande famn

Ibland ger jag honom ordet i korsordet
Ibland kan jag låna ut en hyvel
eller ett skjutmått
Ibland tiger jag och nickar jakande
på hans klagomål tills han lugnar sig

Men jag kan
aldrig ge honom
det han saknar

Nästa Laxå

Jag har inte valt det här tåget
Det var på väg redan när jag föddes

Men det har alltid funnits människor
som är tvärsäkra på positioner och
riktningar

Så jag tänkte att det finns en ståplats
en sittplats eller en sovplats just för mig

Men inte var väl tanken att vi bara skulle
vänta
fördriva tiden eller byta plats med
varandra?

Vissa gick av och nya steg på

Ibland skrattade vi, ibland grät vi

Jag kommer ihåg att vi lyssnade på musik
och att vi sjöng

Nu har de flesta som jag lärde känna gått
av
det var länge sedan jag såg mina föräldrar
men det finns gott om nypåstigna

Min fru sitter bredvid mig
hon håller mig i handen
men barnen vill vara för sig själva

De nypåstigna tittar på mig som om jag
kunde svara på någonting
men alla tvärsäkra har för länge sedan gått
av

Nyss kom konduktören fram till mig och
viskade i mitt öra
"Nästa Laxå" som om det skulle vara en stor
hemlighet

Tåget bromsar in

Hade jag en resväska eller kom jag utan?
Jag minns inte längre

Jag tar farväl av min fru och mina barn
men förstår de vad jag säger?
De ser så plågat frågande på mig

Hej då, alla passagerare!

När tåget stannar smyger jag av

Jaså, Laxå!
Det blev mitt mål!

Det kanske bor någon här som förstår
vad den här resan handlar om?

Skolavslutning i kyrkan i klass 4a

Jesus was a cowboy
Skolavslutning i klass 4a

detärenrosutsprungenavjesserotochstam
Jesse
Jesse?
Jesse James?
Jesse James!
Är det här en cowboysång?

omdennarosallenaljödförjesajasord
Jesse James och Jesus kanske kände
varandra
Kanske var det en vacker brud Jesaja som
vill ha en ros
Kanske tävlade de om vem som skulle få ge
henne en ros?

denspädarosenfinasomdoftarsalighet
Jesus och Jesse var två revolvermän
som hittade en ros som doftade saligt
Jesus hittade den först men sen kom Jesse
James med revolvern

ojesusdemsomklagaidennajämmernsdal
Det blev en fight i jämmerdalen (the
jammer valley)
Jesses James drog sin revolver men Jesus
kunde karate

Jesse sköt men träffade den sköna bruden
Jesaja rakt i hjärtat

detärenrosutsprungenavjesserotochstam
Jesse och Jesus fick bygga en kista
tillsammans
sedan lade de ned sköna Jesaja i kistan
och sjöng tillsammans den vackra
cowboysången

detärenrosutsprungenavjesserotochstam
Sedan blev de kompisar forever
Jesse James and Jesus Nazareth
Alla killar var rädda för dem
och alla tjejer tyckte de var skitsnygga

Förlåt Gud - jag menar görsnygga

Pyret

Tänk att det där lilla pyret
som luftsparkar så lyckligt
kan livnära sig på glädjen i mina ögon

Tänk att vår sång
är din och min tillsammans
igen igen och igen

Tänk att vokalerna kan dansa
som såpbubblor mellan oss
och att vi skrattar åt konsonanternas
motstånd

Tänk att att jag får bära din kropp
när världen skälver och att ditt skri
är den plats där jag vill bo

Samtal med sankte Per

Jag ringde Sankte Per i morse och frågade
om det kanske fanns en hyggligt stor
trerumslägenhet där i himlen. Jag har i alla
fall sju stora bokhyllor med böcker där jag
vill ha med mig ett urval.

Han sa till mig "Du ska komma till mig som
naket lamm"

Då tänkte jag på transporten. Även om jag
kommer in som ett naket lamm så vill jag ha
kläder så jag inte fryser ihjäl på resan och
sedan hoppas jag på att slippa en offentlig
striptease. Det kanske finns ett enkelt
omklädningsrum. Kanske kan jag få ett
lakan att skyla mig med då jag möter Gud.

"Jag skall smörja dina händer med olja,
lavendel och myrra" sa sankte Per

Då blir jag ett naket väldoftande lamm i alla
fall. Medan jag hade honom på tråden vill
jag kolla upp kommunikationerna i himlen.
Finns det internet och Wi-Fi eller blir man
tvungen att ringa eller skriva brev?

"Du skall endast leva i kontakt med Gud"

Det kommer att bli tufft för mig som en splittrad amatörpoet. Om det kommer en liten dikt till mig på natten och jag vill publicera den på poeter.se så kanske jag kan rista in bokstäver på en papyrusrulle och kasta ned den från himlen.

"Det är endast Gud som kan tala med människorna" sa sankte Per

Jag trodde himlen var en plats där man fick bada i honung och där det kom stekta sparvar rakt in i munnen. Som en jättestor all-inclusive spa-anläggning med swimmingpool och bastu och där man kunde umgås hela dagarna med alla nära och kära från förr.

"Du kommer att befinna dig i ett tillstånd av strikt askes" sa sankte Per

Plötsligt kände jag inte för att komma in i himlen utan att leva vidare och njuta av livet. Så jag frågade sankte Per om man kan ha en öppen biljett som går att boka om om man ångrar sig.

"Jag väntar på dig" sa sankte Per

Okey sankte Per, sa jag. Den som väntar på
något gott väntar aldrig för länge. Jag hör av
mig till dig när det är dags. Hej då och ha
det så gott! Hälsa Gud!

Tystnad och tomhet från sankte Per. Han
hade redan lagt på.

Men jag kände mig både befriad och
lycklig.

Beatrice

Ditt liv var en glastavla
som hängt på väggen
sen jag föddes

Det lilla huset
med familjen och vännerna
fruktträdgården med alla blommor
den smala bäcken och landsvägen

Nu har någon slagit sönder den med
hammare
med glömskerörelser letar du efter
mosaikbitar
som glänser och glittrar

De ler åt glädjen
när jag vänder på kudden
så att den blir sval och skön

Du skriker åt hårborsten
som den var ett skjutvapen
när den luggar ditt hår

Ibland rör sig främlingar
med kända röster
genom dina tunna väggar

Ibland gnolar du på barnsånger
från ett århundrade
som ingen levande minns

Kom så ska jag hjälpa dig att leta
efter tavlan på väggen
som någon har gömt

Tomtebloss

I rymdens stora hjärta
pulserar den mörka tystnaden
och människobarnen
som vänder ansiktet mot himlen
kan höra hur det sprakar
när en stjärna faller
innan den försvinner
i en tunn blå rök

Till en andlös andäktig barnaskara
gnistrar tomteblossen klart
i den stränga vinterkylans natt

Ett långt liv i väntan
i mörka lager
till ett kort liv i ljuset
med ett minne
av en svag doft
och en tunn blå rök

Margot

Bakom den stela mimiken
den rationella hållningen
och alla verserade ord
finns det en rasande tiger
en tvekande yngling
och ett gråtande barn
men det livet förtvinar
i kanslihusvärmen
där karriärister
mördar varandra
med nitiska blickar
och artiga leenden

Subotica

Med välbehag smeker jag din trötta kropp

Här får vi vila på den hårda marken
bland taggtråd och stängsel

Var är den andra gruppen?
Var är barnen?

Frågorna dyker upp
som pistolskott i huvudet

Om Gud finns bäddar han in mitt huvud
i den fuktiga gröna mossan

Samvetet ligger plågat och stirrar
på mig som en piskad varg

Jag hör hur vinden smeker träden
Långt borta skäller de tyglade hundarna

En tröst är att höra dig sova